Umthapho Wembongi - Umjuluko Ojulileyo

Ushehwedu Kufakurinani

First published in Great Britain in 2025 by:

Carnelian Heart Publishing Ltd
Suite A
82 James Carter Road
Mildenhall
Suffolk
IP28 7DE
UK

www.carnelianheartpublishing.co.uk

Paperback ISBN   978-1-914287-88-6

A CIP catalogue record for this book is available from the British Library.

Translated from ChiShona to IsiNdebele by Loveson Gopo.

Edited by Faith Maphosa

Cover:

Artwork - 'Honey Pot' (2024), by Samantha Rumbidzai Vazhure (Chitende Fine Art)

Layout - Rebeca Covers

Interior:

Typeset by Carnelian Heart Publishing Ltd

Layout and formatting by DanTs Media

Isethulo

Uluju yikudla okumnandi okwamagama okuthiwa kungumuthi oyelapha umzimba okukhuthazwa kakhulu yizingcitshi. Ungadla Uluju uyanatha lamanzi. Kodwa-ke singakuthi uyeluthapha inengi lethu siyesaba okumangalisayo, ikakhulu nxa singagqokanga impahla efaneleyo, ngoba siyazi mhlophe ukuthi nxa ungasayidlalanga kuhle intsoro yakhona akuswelakali ezimbili, ezintathu loba ezinengi sibili eziyakufaka udonsi. Lokhu kuyanzakala nxa lumdlalo wokuthapa inyosi ungakawazisisi. Yikho okufanayo loluju lolu eliluphakululelwa yimbongi uUshehwedu Kufakurinani Chireshe. Zinkondlo-ke ezimnandi ukudlulisa amalawulo. Kodwa hatshi, kangithembisi ukuthi lowo osekhethe ukuzitika kulomthapho kasoze wathola inkondlo eyodwa, ezimbili, ezintathu kumbe ezinengi ezizomfak'udonsi!

Ushehwedu Kufakurinani

Okumunyethweyo

Ukuzinikela

Kubo bonke abanothando olulinganayo abaluthela kimi imini nobusuku.

Kuwena Mfundi weFesibhuku

Sakubona Mfundi wobuso bebhuku.
Sithi olwanamhlanje lusuku olukhulu.
Ube lethuba lokubala lokhu okuyinkondlwana okuncinyane,
Okuhlabusa ukwedlula isitshwala lolusu.
Nxa ngiqedayo ukuyihaya linkondlo ngilapha esidulwini,
Wedwa uzazibona usiba lemikhulukazi imibuzo.

Ebusweni bebhuku yiluju kuphela labangane,
Sibamba ezikalo lalo abasichathekela zona.
Abanye bethu kukhonapho esilala khona, sidle sitshone khona,
Sijolozele amehlo sikhangelele ukuzwa kubangane
labathandekayo.
Nxa zingezothando kulapho esizihlinzela khona.

Thina abanye sixoxela khonapho ezakudala,
Sisesengontanga abasakhulayo,
Sidlala amandlwane emadwaleni,
Zona kanye ezesikolweni, oLoreto, iWanezi laboMzingwane.
Sizihlinze zonke kunye lezitshiya abantu bengasathabanga.

Ikakhulu zona lezo ezesikolweni,
Sikhumbuzane ngezinsomi, ezingoQoqo.
Sixoxe ngababalisi ababefisa singabi yizigelekeqe.
Sikhulume ngaleziya nsuku esasiphuma sisiyanatha insiri.
Hayibo, kuyikubanjwa khonapho sasiyakubona okukhulu!

Sikhonapho njalo ebusweni bebhuku siyaphakululelwa uhleko.
Ungasananzelelanga uyahlek'uz'ufe sikugoqe.
Eminye imifanekiso ungayithi tshazi uzezwa engani usikwa
ngaphakathi.
Ezinye izindaba ungavele uziqalise ukuzibala nguwe ensinini
suginyiwe.
Kodwa akusi zonke ezihlonitshwayo.

Nxa kuyibo abangane laba yitakalala,
Nxa kungamabhavadhe ukuwakhumbula akusento yalutho.
Usathithibele ilizwi ebusweni bebhuku liphong'kuthiwa vu!
Ungaze uthi uyakhohlwa kusasa futhi liyaphindwa.
Lufika usuku nguwe loya udidizela angani kusetshenziwe.

Okukujabulisileyo lokukucunulileyo ebusweni bebhuku nama!
Wonk'umuntukazana nje sehle abekwazi ukuthi ziyakhupha.
Akusela eyomndeni engengenelwa,
Ngoba khona kanye ebandla sesiyihlinza eyeqhaqha
esiyijimbileyo.
A! Mhlawumbe yikho ukuqhubana kwamalanga kwakhona,
Kodwa kasiqapheleni singazimbeli amathuna.

Kwezinye izindawo bona lobu buso bebhuku,
Busetshenziswa ngezinye izikliwi.
Ontanga seboniwa besanda kuphuhla nje,
Ingqondo zakhona sezigcwele ezamacansi kuphela.
Nxa ontanga besebusweni bebhuku lihle libeluse!

Ematshokotshokweni obuso bebhuku yindlalangengqaphelo,
Ungekela ukuqaphela khonalapho lokuhlanya ungahlanya,
Ungasahlanyelanga khona umyeni wakho uzamkhweleza kuphela,
Ungasamkhwelezelanga buyaphela bonke ubukholwa,
Kungasaphelanga ukukholwa imali uyakhwanis'ukuqedwa yonke,
Ungasaqedelwanga imali,
Eyakh'impilo ulakho ukuyitshiya usuhlohlelwa kwenye!

Imikhumbulo yesikolweni - Ingcephungcephu

Ngingacabanga eyesikolweni iminyaka,
Kwesinye isikhathi ngiyaficwa lulak'olumangalisayo.
Ngithe ngingayitsho njengendaba,
Inengi lenu lizakuthi ngiswele.
Ngakho-ke eyami imikhumbulo ngizalipha njengenkondlo,
Mhlawumbe lani lingaxoxa ngami lezimuli zenu.

Esikolo kangikhohlwa ngaleya nkalakatha yendoda,
Eyayingahlekeleli ngitsho lomntwan'oyedwa.
Yayileziboniso zenyoka,
Sasilokozel'ukuthi kube khona ongachupha ezakhe inyawo.
Lindoda yiyo eyayigada abafana emaxhibeni abo.
Lapho eyayivulela umlomo khona kuphela kwakuyikupopota.
Ukuyibona kuphela ihamba emgwaqweni,
Wawuchatsha kungela lacala owethweswe lona.

Ngelinye ilanga kube khona omunye owanengisayo kabi,
Ongelanhloni ongathikaziyo,
Ukuzibalekela zon'ezazigqagqele indawana yonke nje izambuzi,
Nguye loya esiyabuthi gqi! egcekeni njengembuzi.
Ibuthi mehlo suka nje leyandoda mo ulaka!
Abantwana besikolo abasenzelwanga isisa.
Iyathe owenze lokhu ngubani? Zwi!
Umnikazi wepasili le ungaphi? Cwaka!
Endaweni enje ukhona ongathi yimi?
Imibuzo le saswela ukuthi yayibuzelwani.

Undodakuqina walavuka ngolaka wathi kalingikwanisi,
Lonke lapha njengoba libuthene kanje ngizalilungisa,
Omunye lomunye kwathiwa kathwale okwakhe okuyingcephu,
Ingcephungcephu yepasili kalowana ozenzele awakhe amanyala!
Sayichupha inqwaba sisiyayilahla.
Sonke safikelwa lulaka.
Kodwa wawuyalwenzela bani?
Salutheza olulenkume lolosuku batayi!

Lani lithini ngaloludaba?
Liyibona kanjani enje inkemenkeme?
Ngingacabanga ngaleyandoda kuphela,
Ngikhumbula lonolu udaba.

Umdumo – Umuzi olotshwala

Yimi lo ngiqans'imiqanso,
Ngizihlabele awami amanyathela,
Eyami imikhumbulo igxilile kuwo amathambo,
Mhlawumbe singaluhlamba loludubo oseluthe nama!
Lasesontweni sengike ngahlahlula kibo oPapa,
Bathi kengizame khona ukuthandaza,
Kodwa udubo selungimunye njengabobhotlante,
Emanxiweni sebengazela ukudla emizini,
Kukanti ensukwini ngingumangoye olala phakathi kwalo iziko,
Ekulaleni angiwazi umduli ngitsho lona izenge,
Sengiwukhombile umuzi olotshwala kwelikaMthwakazi,
Eyami impilo isitshonile enzikini yenkinga,
Sengibone kungcono ngiyicaye khatshana le enkangala!

Maqhutha

Uleqiniso mntakamnewethu,
Ukuthi le yiyo impilo osuyikhethile?
Impilo yokuthi yonk'into ngicela ungagqize qakala,
Ngitsho lokulalela awabanye amasu qha!
Utshiyene ngaphi kanti losethuneni?
Ukhetha ukuvuka ulele yonk'imihla,
Liyaphum'ilanga uzivalele,
Lize liyetshona ulokh'ugubuzele,
Uthi impilo ilul'usibona sinje?
Khona okukuthe xhaka! kukubambe ngaphi sibili?
Umuntu esamfundisayo wafika emkhawulweni,
Amabhuku ezingwalo zangaphezulu wawadla wonke,
Kodwa khon'ukuth'uthi ngidinga okungangisiza njengabanye
hatshi,
Pho-ke kungaba yimpilo yin'ukutshona uthe qhotshotsho?

Besekusithini-ke?

Ngilowam'umbuzo batayi!
Ngiyile esikolweni lamabhuku nanku ngiwahlafunile,
Ngingene kwezombusazwe,
Ngenziwe inkokheli yazo zonk'izifunda,
Ngenz'imali okuthiwa yimali engela loyedwa ongayithola,
Ngakhe izindlu zikadulile,
Kodwa khonapho ngilala emaweteleni,
Abafazi ngithethe abayisithupha loba ukwedlula,
Izingane ngihlanyelil'ilizwe lonke jikelele,
Imota ngihamba ngengene izolo nje lokhu,
Besekusithini-ke?
Ukufa ngumalinganisa

Impendulo

Lawe uth'uyamekelela yini!
Kuyimi lami besiyaqedelana,
Kusasa engaphinda futhi,
Umphendule vele ungazithuleli.
Mnike impendulo yezimpendulo.
Mnike impendulo ezamtshiya etshabalele,
Laph'eth'uyathi kanti kutheni lamhla?
Wena uhle umkhawulise inkani.
Mnike impendulo engela mpendulo,
Yedwa uzazibonel'ukuthi akusathambanga.

Singasola Singasolwa

Bakithi akelingincedis'ukubongadinga yona.
Impilo yami lamhlanje isilokukhanya.
Omama babebhensa bedinga izimali,
Sahanjiswa ezikolo saholwa nguThixo.
Lezifundiswa zasiphakululela ubufakazi,
Ulwazi lwempilo lokunye lalo basinika.
Ngakolunye uhlangothi ogogo labo besithumela okungamandongo,
Mhlawumbe babeqale bakuthethelela.
Kambe sazini ngaphandle kokuthi sesehlula.
Nxa kuyimpumelelo siyigoqele kwezethu izandla,
Ayilakho ukuphunyuka khonapho siyala.
Ngeze ngathi sengifikile sibisibili engqongweni,
Kodwa-ke lapho esingikhona hayi, kangisoli,
Singasola singasolwa.

Imboza

Mina sengiphuzelwe, iphango selingiphethe,
Kahle ngizibondele okuyisitshwadlana,
Ngithobathobe okwami ukulamba,
Ngikubonde masinyazana ngingafa.

Yimi lo okuyimbiza kwami eziko,
Sengikhwezele nanto ilangabi,
Kancane kancane mbiza lungu,
Kancane kancane mbiza lungu.

Ngikhwezele ngijikela okuzincwathi,
Kancane kancane lungu,
Kancane kancane lungu,
Kungazathi sekwenzile lokhu!

Ngimelani kambe.
Yimi lo impuphu wa!
Kambe okokucupha kwaziwa ngubani?
Pho-ke we mpika ungaphi?
Dingiyani dingiyani qha!
E-e! Kungangihlupha lokhu.

Ngigoqozele impuphu ingajiyeli phansi.
Kungani sekubambana ngikutshiye kancinyane.
Kancane kancane lungu,
Kancane kancane lungu,
Ukusikiza ngokukanwabu.

Okuzayo kuzosithola phambili.
Imphuphu yami jikiyani jikiyani,
Mina bondiyani bondiyani,
Ah! Sengathi yisitina nje.
Wona amaqubu kungathi ngipheke ngamagadi.
Kulani kambe mina sengiyamane ngiphakulule.

Bakithi iphango beselingibuza isibongo.
Mina stshwala qamuliyani, emlonyeni tshwathi!
Bakwethu imboza kayidleki,
LoBhoki utshone eyiqhululele amehlo!
Kweyakho impilo uphekani?

Isazi

Ozithi nguye isazi akazitsho,
Onguye obophe imbambo zempilo wazithi mfi! nguphi?
Ngithe isazi sakonke yisiphi?
Othi yena akukho engingakwaziyo ngubani?
Lithula nje kalingizwa kanti?
Lamane ladwadla nje ngibuze okungezwakaliyo yini?
Yebo phela akazikhukhumeze sibone lowo ozithi uyazi!
Sifuna simazi simkhothamele,
Simazi simenze inkosi yezizalwane zonke.
Wena ozenza isazi,
Ongakwaziyo yikuthi awazi ukuthi kawazi.

Ukugola Amagenga

Nxa sigola amagenga,
Kulendlela yakhona eyokugola.
Siyadinga okubuthakathaka okuyimizi
Kasiphong'kudhobha mahlayana nje, hatshi.
Akumelanga kucake kakhulu,
Ngoba kungasalel'esidulwini.
Akumelanga njalo kube qatha kakhulu futhi,
Ngoba kungala ukuhamba lomlindi.

Kasiphong'kuthi loba ugodo nje sidobhe sihlome, hayi-bo.
Amagenga akasingulube mahlabezulu, ngamagenga.
Siyathatha imizi yethu siyithi thambisiyani, ngamathe.
Abathandayo bayayihlafuna kancinyazanyana nje,
Lapho-ke sesiyihloma emlindini kancane kancane.
Sesiyihlomile, siyama okwesikhatshana ukuze amagenga alumele.
Bheka-ke udwendwe lwamasotsha nxa sesiyihwatsha.
Sizijikelele wona enkonxeni,
Lamuhla siyaziluma ngobunandi!

Elami ilizwi kuwe lithi,
Nxa ufuna ulutho lugole ngemfanelo!

Ukuthula yikukhuluma

Ungabona ubingelela umuntu,
Yena aphong'kutubhula umlomo,
Aqhubek'elengis'ikhanda angani kakuzwa,
Uphinde njalo kungaba lampendulo,
Yazinukuthi impendulo suyiphiwe.
Khonokho ukuthula kukhona okukutshoyo.

Ucele umuntu uthethelelo,
Yena aqhubeke engakugqize qakala,
Ulabhele ugomele,
Uz'uphume umswane ngokuzincengela,
Kodwa yenta kungaba lalodwanalithi vu!
Wohle wazi ukuthi kukhona okutshiwoyo.

Usenengini labantu kujatshulwa,
Uthi kahle lami ke ngibadaze ngensini,
Kantike uqeda lapho wonk'umuntu zwi!
Abanye sebephong'kuzulazulisa iziqhu zamehlo,
Kuthi abanye labo kabasahlanganisi amehlo abo lawakho,
Yazi-ke lokhu kuthula kukhona okukutshoyo.

Limtshele amagama aqatha,
Nxa kungamazwi alikho elingamtshelanga lona
Kodwa ezakhe indebe umane azithunge.
Lingacabang'ukuthi ulizanka.
Okwakh'ukuthula lingalalelisisa kahle,
Lizabonuk'uthi kukhon'okukuthethayo.

Uqhubek'umbhalela amagama othando,
Uyabuthe uyathi kuyonaleyo watsapu abayitshoyo,
Umtshel'ukuthi lobuthongo awusabuquthi,
Lakhona ungabuquthi isibili,
Ungazoziduba sihlobo impendulo kade wayiphiwa,
Ngob'ukuthula yikukhuluma.

Ubhudi Madlisa

Ngikhumbule sisakhula sisengabafanyana,
Sasesiqalile ukuya esikolweni,
Lapho esasifundiswa khona ngokwamabhoyi sikhawuthi.
Sasifundiswa ukuphila singelakho okungotshukela lokungosawudo,
Sisenziswa okwempilo yasegangeni.
Sifundiswa ukwakha amadumba ngemigoqo.
Izifundo lezi sasizithakazelela.
Sesiphendukile emakhaya sasidlala amandlwane sisakha
okungamadumba kwethu.

Pho-ke kwakukhona abanye ababebadala kulathi,
Bona okungqwele yabo kwakunguMadlisa kaSpikili.
Ubhudi Madlisa wayesesabisa njengobhinya.
Thina sasicabanga ukuthi vele ungubhinyanyana.
Akekho owayesithi vu! nxa ekhuluma,
Ubuso bakhe babungani budindwe yimbawula.
Losane lwaluthi lungambona lukhale luhawule.
Nguye-ke oweth'ubhudi Madlisa owasesatshwa.

Ubhudi Madlisa laye wayezakhele,
okulidunjana ababedlalela kikho labangane bakhe.
Mina loQuthani sathi ngoluny'usuku kahle sibakhawulise,
Yithi labana emini libalele lothu! salubhekisa kohamb'uz'ubuye.
Safica kukhamisile sangena thina esigodlweni sikageva.
Yithi laphana loQuthani siqutha ukuze sizincede.
Khonaphokhonapho nje sezwa amazwi angani asebuqhamama,
Yithi lungu, sabona Ngusobhuku labantu bakhe!
Inwele zanyakaza inhliziyo zaqaqamba.
"Yethu sifile. Sesiyinyama yamawoso!"

Mina ngathi Quthani ukudiyazela yikuzithemba,
Izandla nanzi ngilazo ifotsholo engayiphiwa lizulu.
Ngazidumela iziduli ngazithi phulukundlu khonale!
UQuthani wangincedisa inhliziyo zits hayi ingungu.
Yikho-ke ukulutheza olulenkume lokhu!
Sazijikela Phandle masinya sathi dibadiba.
"Sakubona bhundi Madlisa"
Samane sambingelela ngomlomo nje qha,
Izandla zithe nama eqolo.

Inyanga eziyisitshiyagalolunye, inyanga ezinhlanu

Ngingacabanga eyami impilo
Ngiyafikelwa yimibuzo,
"Kambe uNkulunkulu wami usaphila?"
Ngingacabanga lokho esengadlula kikho lalapho engingena khona
Ngiyazibuza mpela,
"Kambe elami igazi lakhothwa yini madoda?"
Ukuthi inyanga eziyisitshiyagalolunye, inyanga ezinhlanu!
Somandla ingani abanye uyabezwa?
Mina uyangizwa na ungivezele okufihlekileyo?
Ukuthi inyanga eziyisitshiyagalolunye, lenyanga ezinhlanu na?
Nga ngazi ukuthi isiphetho sakhona kuzakuba yisililo,
Ngahlala ngilungiselele,
Lona lolusuku lokulila.
Engani ngangisithi ungibonile wathungamela,
Ngathwala ngafuquza ngaze ngahelelwa ngilindile.
Ngangilinde zona lezinyanga eziyisitshiyagalolunye, inyanga
ezinhlanu?
Engani sathokozela nje sisithi senzelwe umusa?
Kukanti bekuyikungazi osiphathele lona uswazi,
Ukuthi kuyathi kuphela inyanga ezinhlanu,
Sizosala siqhukethe utshefu lolaka
Inyanga eziyisitshiyagalolunye ngithwele,
Inyanga ezinhlanu ingane yami ilapha emhlabeni!
Nkulunkulu ukwenza kwakho asikuqondi kodwa.
Umhlaba kawusuthi yebo lokho siyakwazi,
Kodwa ukuginya losane olungakaya kuyasithunukela kusephule.

Inyembezi emihlathini sengizesule.
Ithemba lami loba sekutheni ngingeze ngilesule.
Sengikhumbule uUnathi icinathunjana lami,
Wayeyingxenye yenhliziyo yami.

Umhlaba Suphendukile

Singathini sibili ngalumumo osukhona emhlabeni?
Singathi kambe yikuguquka kwamalanga?
Kanti kuyini osekwengame lelilizwe?
Ukuthi kambe yikho lokho abakuthi yisimanjemanje?
Ontanga abasakwazi ukuthi abadala bayabingelelwa.
Akusekhona okwethusayo kumbe ukumangaza.
Abesifazana ngokwabo sebesenza ubungane bokwembulana izidwaba,
Lamadoda lawo athi kasisaleli!
Uzwe kwenye indawo kuthiwa umfundisi ubambe iganyavu,
Kwenye uzwe kuthiwa abanye bathathane imifanekiso kabhayisikopho
besemacansini.
Emagagasini kugcwaliswe kuthiwe bonani nans'impilo enhle!
Ngempela abafileyo baqumbile, bagcwalelene ngolaka.
Bayaphenduka besaphenduka njalo ngobethu ubumenemene.
Amantombazana sethengisa imizimba njengamatamatisi emsikeni,
Bengathini labo impilo zabo zimi manzonzo zigenquka.
Amajaha wona kawasayesabi injabulo edlulisa amalawulo.
Amanye asez'ethathana labonina abawamunyisayo.
Isiphetho sakhona yiyonalemikhuhlane esithe kithi nama!
Lamuhla siphong'kuhamba engani siqinile kanti yisihlamba sodwa
nje,
Ungawela lawe uzahlangana lakho phakathi khonapho kuqubeke
kunjalo,
Kuye kusasa lawe utshonise owakho kanjena,
Kambe singesabani siyizihlakani!
Ubuhlakani bokuphila njengabantu abapheleleyo thina siqhukethe
lukhulu.
Isibili Nxa ngibhekile umhlaba sutshabalele.
Nxa zingezokushelelana okwekadeni akusabonwa,
Lezinsuku ngiziyela ebulenjini nje kuphela sengiqedile.
Umlobokazi kamama nangu ngisiza laye.
Lokh'okokuthi olungaziwayo kaluthezwa ngokwakudala!
Ubungane boqotho kabusela sisindo,
Kufesibhuku abangane badlula isaka lamabele!
Umama, ubaba lokhulu sebengabangane bakho,
Umqatshi wakho, uyihlozala lonyokozala sebengotshomi bakho!
Kulungile banini ngabangane kanti ngitheni mina?
Ngokwamehlo lokhu, kambe lami ngingenzani!

Laph'esdlule Khona

Iminyak'engamatshumi amabili lasitshiyagalombili sithole uzibuse,
Ilizwe lingen'esimeni esingakaze sibonwe ngitsho languban'emhlabeni.
Njengabantu sasihamba nje kodw'imikhumbulo isanganisekile.
Usith'ungabamb'imal'ekuseni kusiyafika ntambama iyab'isiliphetshana.
Inyanga yayiphela umntanenhlabathi egeleza ngezithukuthuku,
Kodwa sekusekuyifoleleni wayethunukeleka mpela.
Wawubonga suphendukile lapho oye khona.
Ekuphendukeni wawungafica umtshova usukhwelile,
Uthole imali oyiphetheyo ingasakhwani,
Kumbe kuhle kuthiwe idizili kayisabonwa imitshova akula.
Edolobheni oKhiyakhiya babengasapheli,
Kungaphong'kuba lekhona kuphela wawuthola sebefake idumba.
Konk'okumqoka kwakusweleka kodwa kutholakala.
Wawusizwa ufeleb'esithi "Fak'imal'uzobona".
Pho-ke ivele ngaphi leyo mali khona kuyiyo eyayingabonwa?
Labona labaya abemisebenzi yemal'ethusayo,
Bagoqwa baphenduk'ukuba ngonjwathi.
Laban'ababejikijel'ababalisi ngamatsh'eskolo,
Yib'ababezwakala besithi "sesibunatha, sesibunatha thin'olova".
Lakanye bebugojela abalesikolo bethe bunabuna.
Abanye ngabatshonel'ekutsheketsheni,
Laph'ababehlekisa kuqala besithi kuyiwa ngodanda.
Kwakungaselani lobudanda besikolweni.
Kulezonsuku ukumelel'inyang'izithi genqu,
Yikh'okwasekuyibudanda empilweni.
Imal'esisesikhwameni yayingela kukuceba,
Ukuthi bakithi ngiphandwe estsheketsheni.
Abanye labo abanengi bathutha okwabo bephum'elizweni,
Besiyading'amadlelo aluhlaza kweziny'indawo,
Kodwa kwakuyikuqalana lokunye nje.
Phela akusigodlo singelaz'inkinga zaso!
Ngikhumbule laph'esdlule khona,
Bekungathambanga majida.

Ngubani Omi Eqinisweni?

Nxa ungaphetsheya kolwandle,
Kawusephetsheya kolwandle.
Abokhonale bayabe besithi laph'ovela khona yikho phetsheya.

Omunye Nxa sikhangelene uyakhombela kwesokhohlo sakhe.
Lami ngikhombela kwesami esokhohlo.
Esokhohlo lesokudla kuyaguquka kusiya ngomi khona.

Lasekudleni lakho omunye esokhohlo sakhe yiso esokudla,
Kodwa komunye esokudla yiso esokudla.

Omunye uthi okwaqala ukuba khona liqanda.
Omunye laye athi habe, pho-ke labekelwa ngubani leloqanda?
Konke kumane kube yikudonselana nje kodwa kusinikani?

Okuqakathekileyo yikuvumelana ekuphambaneni.
Sonke siqinisile emangeni ethu!

Ala Ukwaliwa

Wawusithi usuzitholele lawe esakho isifudumezanhliziyo,
Usuzinikele yeka usithi lapha yikho osekuphelele eyakho inhliziyo.
Labudlala ubuntombazana lobujaha ndawonye,
Lwavutha uthando akekho owayengathi kungaya ngecele.

Wayekuthembise izulu lomhlaba,
Kwaphelelaphi pho njengoba sikhuluma nje?
Yikho phela lokho ukuluma liphozisa,
Ukuzingela ulibele ucambalele.
Lathi liphakamis'ikhanda eyakh'inhliziyo seliyihwithile.
Ngithi kuwe qina izinyembezi uhlikihle,
Ala ukwaliwa!

Ala ukwaliwa yimpilo enhlekazi,
Ungazideli usithi okwakho sekukuphelele.
Ala ukwaliwa yimpilo yokukholisa izithukuthuku zakho.
Ungazidl'ingqondo usehlulek'ukuhlala ulele
Okukhulunywa yibhuzeni ungakulaleli.
Yala ukwaliwa yimpilo ozilungisele yona

UBhudiza: Incwadi Kothandekayo

Awu, waze watshona kangaka sthandwa sami,
Uz'utshone angathi zinyembezi zenyoka soyana?
Kusukela ngize ngisuk'ekhaya ngitsho ilizwi,
Hawu, ungaze wena njalo sithandwa somoya wami.
Ngalokhuya engikwenzele khona mhla webhavadhe lakho ungenzenje?
Kumbe mhlawumbe umbhida lamatamatisi engawaphathisa uSithabile
kawuwatholanga?
Uyazi ubaba lomama wami sebekwazi nje?
Babona umfanekiso wakho lowaya owaphuma khona ingalo kuphela,
Ngabathi lo nguy'umalokazana kodwa isithombe esilobuso bakhe
khona siyaza.
Ngapha egoli ngisabuthelela okungamasheleni kuyalumbana kuphela.
Ngazitholela umkoto wami ongaziwa muntu,
Abantu bangapha ngiyabadlula ngokuhlakanipha uyazi!
Ngiwisela phansi inkalakatha yezitolo ngentengo.
Ngithenga kubo ngentengo yabo yokuhlanya,
Besengiphuthuma mina ngisiyathengisa ngeyam'intengo ephansi.
Ha ha ha ha, ngeke bang'kwanise!
Ubhudi uMeluleki nguye owanginika okuyimali kwebhizimusi.
Izinto kazimi ngitsho nginikani nje kuphela bayazijwamulelana.
Ngibona umnyaka usiyaphela nje ngizakuzokuthatha somoya wami.
Kambe uyihlo angala ukuthi ngizomsebenzela epulazini
njengengxenye yamalobolo?
Angiboni esala mina nxa engazi ukuthi ngingubani.
Yithi phela esacenta inkangala yeKalahari yaze yasala isimhlophe nke!
Laph'ozabuya khona ngapha kasisoze sihlupheke ngitsho lakancane.
Amatshetshi angapha mahle njani!
Siphiwa indawo yokulala lokudla mahala nje.
Ungabuya sizazihlalela labanye kuhle nje okungaduliyo.
Yikho ukuthi ichawe phela lokhu,
Hayikhona khonangapho ekhaya lapho okukhiywa khona
amatshetshi,
Amanzi obala ayanxitshwa,
Izambuzi zikazulu ziyakhiywa ngitsho lasedolobheni.
Ngapha kangikhathazeki amanzi loba isambuzi uyazi!
Angathi khona ngapho ngeke ngabanjwa ngamapholisa ngicitha
amanzi,
Kuthwa sikubambe ngepabhuliki yurinethingi!
Kuyini khonalokho amasela sephelile yini?
Ngayambuza mina umakhonya wenkambeni,

Ukuthi yiphi ipabhuliki yurinethingi engcono?
Leyo engangiyibotshelwe kumbe eyokuzicemela ebhulugweni?
Eyokuzicemela ebhulugweni yayifuna izulu lisinaphela,
Pho-ke kwakusile libalele elenkosi!
Loba nguwe sithandwa, ngibe yinhlekisa kuzulu mina?
Kanje wathi uzangithanda nini siwiji nhliziyo sami?
Iminyaka emithathu ngilokhe ngimelele ukuthi uze uvume yini na?

Ubuthongo

Ngesikhathi ngikudinga,
Wena yikho laph'othi khona nyawo ngibeletha.
Abanye bephakathi kwabo bebuquthile,
Wena yikho lapho ongicatshela khona,
Uzithi tshoko ezixhukwini zogagu.
Ngikudonse ngithini kanti kulezozixhukuxhuku?
Lamhla uphindile futhi ukungibalekela quoted khona,
Wangitshiya loSiyezi loSisu.
Ngake ngathuma uSikokiyana kuzolezozixhukundini,
Waphong'kuthi zamiyani wehluleka.
Izolo njalo ungicatshele,
Wangitshiya loZikwelede loKujomba,
Ngeviki edluleyo ungitshiye loRenti,
Kanti enyangeni ezidluleyo bengiloMkhuhlane loKufa.
Pho-ke ngingasila ngithini mina lapho?

Emini lamhlokhu nje ngeke ngakuthi tshazi,
Kodw'uphong'kuthi lothu masinyazana nje wanyamalala,
Ungitshiya loLamuhla Kasilampuphu.
Kawungizweli ngani weButhongo?
Kusweleka nje usuku lapho osivakatshela khona loNhlalakahle?

Isinanakazana lesi

Nxa ungakahlangani laso kawusizwisisi.
Abasigcina njengomdlwane bayakumangalisa,
Abasijikijela ngamatshe njengehlolanyama labo bayakumangalisa.
Khonapho wena uyabe ungadlaleli duzane laso,
Okwakho kuphela yibungane besigoqasidwaba udlula njalonje.
Kodwa lunye nje usuku lapho esizakuthi xaka lesisinanakazana,
Sitshonise awaso amazinyo kuthophele,
Lapho-ke uzobona ukuthi kawuhlakaniphanga.
Khonapho lawe uyabe usudlalwa intsoro oyijayeleyo.
Ungomunye nxa sesikubambile ngcono uhle uzigoqe.
Lalelisisa kahle ukuthi sidinga ukwenzani.
Ungafuna ukudela inkani nguwe nya!
Ungalokothi uzitshel'ukuthi ngiyisikhokho mina kangenziwa njalo,
Ngoba singahle sikususel'amanqe.
Silakho ukukubenga sikukhombis'umuzi olotshwala.
Hlezi ungasilalela kungaya nganxanye,
Mhlawumbe lamacala akho angahlawuleka kukuhambele.
Isinanakazana lesi simbi kodwa sihle,
Isinanakazana lesi sibizwa sithiwe LUTHANDO.

Phaphama

Vula awakho amehlo ubheke phandle,
Nanzelela kawuboni na akuthi akusekho okwakho la.
Uzaqhubeka umi ndawonye kuze kube nini?
Kawuboni yini ukuthi ubanjiswe ilitshe?
Kade utshiyiwe ulokhu uthe khwimilili,
Uthi kambe kusekhon'okwakho khona la?
Lawe uduba ngokuthand'izinto kakhulu.
Wehlulekile ukusuthiswa yilokho ovele ulakho?
Pho-ke amahola amahlanu unqinekel'indlela,
Phaphama-bo ubone ukuthi akusekh'okwakho.
Engena nje khonapha uhle watsholobela wayaphuma ngangale,
Nxa usithi ngilamanga ngena ukhangele.
Kawufuni lokungena phela ngokwesab'iqiniso?
Bakudlale istayila edolobheni fanekhaya,
Kodwa akuqali ngawe.
Izikliwi ezilenhliziyo elengayo njengeyakho seliqediwe lapha,
Liyadlela njengenhlanzi ngoba lilele,
Lilele ngoba kalazi ukuvuka lizenzele.
Akukudla kwadliwa kungezithukuthuku,
Ezakh'izandla lezi yizo okumele zisebenze.
Hatshi okwenu lokhu okokuthi siyalazi idolobho.
Habe, uyazi nje laph'okhona?
Wamane wathi khwimilili njengesithombe,
Sungumbankwa nje ongelani yokuthi.
Owakusebenzel'umnyaka wonke sekuchithekile!
Ngekhaya imuli izoqalisela ngaphi?
Wena wakhona uyabe ufikiswe khona ngubani?

Sithini?

Eziny'izinto kaziqedakali qiniso,
Kodwa loba sekutheni akukho okungelamkhawulo.
Impilo iyake ifun'ukukuxhazula,
Injabulo yonke igigagigwe.
Kodwa sithini?
Sothi nje isiqotho sizokwedlula.

Uyahlangana longakuzwisisiyo,
Inhliziyo yakho obala iyakulahlisa.
Uyathe lapha sufun'ukubambelela,
Usithi laphaya sufun'ukunamathela.
Sithini?
Sothi nje phola kuzophela.

Low'omuntu onguye oseduzane laye,
Ngeliny'ilanga uvuka zingasathathi kahle.
Uyathe uyambingelela abe yisimungulu,
Uyabuze lokhu yeka usuziqalele olonyovu.
Sithini?
Sothi nje okungapheliyo kuyahlola.

Ungaba lethemba elikhul'impela,
Usubona zonk'izinto zihamba ngendlela,
Masinyazana nje besekuya ngolunye uhlangothi.
Besekungani sonke les'iskhathi bekungamandlwane nje.
Sithini?
Sothi nje ungadel'inhliziyo.

Ngomunye umuhla kawuzwisisi laph'okhona kumbe lokh'oyikho khona
Ubusuzibuza ukuthi kuyini okwenzakala kimi kumbe phezu kwami,
Ub'usudubeka ufune lokuzicaya egcekeni,
Kodwa usucina izinyembezi seziphong'kuwohloka usubihla.
Sithini?
Sothi nje ungalahli imbeleko ngokufelwa.

Ngokwamehlo

Eziny'izinto ngezamehlo,
Indebe thunga ulahle usungulo.
Inyawo quma ujikele izingwenya.
Ingalo tshila zingaze zasebenza futhi.
Ingqondo hlokohlokoza zize zife.
Nxa suwenze njalo sungazidlela ngamehlo,
Uzicelesele ucaye umsila.
Ungafuna ukuthi izandla, qaphela!
Ungafuna ukuthi nyawo, bhasopo!
Ungafuna ukuthi cabangiyani ngitsho lakancane, okwakho
sekukuphelele
Okunye ngokwamehlo nje qha!
Ungafunda lesi sifundo,
Usungene isikolo esimqoka sempilo!

Vuma

Yonk'indawo ufuna kuthiwe nguwe umaqhuzu,
Ufuna ukubonakala njengengcwethi,
Kubuye kuthiwe nguwe ingqongqotshe,
Akuvume lawe ukuthi bakhona abakwedlulayo.
Akula sazi sakonke lapha emhlabeni
Ungavuma lokho sugone imvelo yobuhlakani.

Nxa usufuqe lokhu lalokhuya kungatshedi
Wafuqa lapha wafuqa langale,
Lathi siyaqala sisithi qinisela ngemizamo.
Nxa ukufuqa lokhu sekufuqa wena,
Siyabe sesisithi-ke vuma.
Mhlawumbe akumelanga ube ufuqa,
Isikhathi siyaphela ulokhu ucitha isikhathi.

Vuma-bo tshomi nxa sekwehlule,
Engani uyazibonela ukuthi akusela lutho,
Ufuquzana lembodlela yona leyo uthi kuzaphumani?
Yekela ukudingana lamawolontshi esihlahleni soxakuxaku,
Engxenye ungathatha lawo maxakuxaku angakusebenzela,
Singapheka sithole umsobho omnandi kabi ukwedlula owewolontshi!
Ungaqhubeka uthe jeqe kulesosihlahla soxakuxaku yisikhathi sona
leso.
Isikhathi kasikumeleli, funda ubambe khonapho.

Isilonda

Nxa usibona sigebhekile sitshona,
Uyathi nanku ukuphela konyawo.
Uyagomela ukhale uze ukhawule,
Ubuhlungu bakhona buyabe bungaqaleki.
Khonapho siyabe sisesemanzi sicinca igazi,
Kodwa ungasiphatha kahle usinakekela,
Usifaka konke okufunakalayo ukuze siphole,
Impukane lokunye usenqabela,
Ngokuya kwesikathi siya sincipha.
Ziphenduk'inyama zibe ndawonye,
Ngesikhatshanyana uzwakale ususithi sekungconywana.
Khonapho lokunyathela uyabe usuzamazama.
Yekela-k'amawala okufun'ukuhle ugijime,
Yekel'ukuzitshel'ukuthi yithi bakhon'izigijimi,
Uyavus'okuleleyo okuziphumuleleyo.

Isilonda singaphola kodwa inxeba kalipheli,
Yilo isikhumbuzo sokwakuhlabayo.
Lasemagumungeni le kawusalugxobi,
Usuz'utshela labanye ukuthi yekela kuphole.
Phela yikho ukwenza kwesilonda lokho,
Uyasala usulimukisiwe indawo langendlela yokugxoba.
Khona vele uze ube laso kuqala angithi wawuxhwayisiwe nje?
Kodwa wathi ngifuna ukuzibonela,
Wab'usephulela izinti endlebeni.
Amagumunga akala mquphuni lapha,
Kusasa azabuye ahlabe omunye njalo!

Thatha Letha

Ukwenza kwakho Mlimu akekho okuzwisisayo,
Nguwe uMapha nguwe uMathathela.
Wasipha ubaba lomama sathi siyabonga.
Mbayimbayi ubaba wamthatha sisezinsane,
Umama wasala esenguye ubaba.
Ukuthi sidle, sigqoke, sifunde, sinqobe nguye.
Uyasebenza Azeri ageleze izithukuthuku zegazi.
Ubamba lokhu abambe lokhuya edinga ukuphumelela,
Empeleni kusenza ngoba nguwe uMapha.
Kodwa nguwe futhi uMasithathela owethu ubaba?
Sithi nguwe yini owenza ukwenza okunje?

Ubaba aze asemukwe izihlobo zathi kuncane lokhu,
Zathi lathi sifuna okwethu singasalela.
Inotho yomntanabo yebu yebu ukwebula,
Imota lokhu lalokhuya bathatha,
Umama wathi kangilwisi ngobheka kuMapha.
Kodwa uMapha nguye njalo uMathathela yini?
Uthatha ukuthi aphe, esipha laph'athathe khona?
Singafuna ukulanda umkhondo wakho akuphumi,
Sibonga kuphela umama esamphiwayo,
Olwisa ubuyanga ukuze kusihambele thina zingane.

Sisindela kuwena Mvelingqangi, Mapha.
Sithi phana umama wethu impilo ende.
Muphe inkazimulo engapheliyo, ephandla izitha.
Muphe inkuthalo lokunqoba konk'okuphazamisayo.
Mathathela, thatha bonk'ubumpofu ubujikele khona le!
Kungaze kunzimeke njani uMapha uzasipha kuphela.

Ungasali

Owalamhla umhlaba ufuna ohlakaniphileyo ovusileyo.
Laph'esasihamba khona ngezikaAdamu sesisezichathulweni,
Wena ungala ukwezikaAdamu sith' usufikelwe.
Laph' esasihamba ngezichathulo sesihamba sihlezi,
Akusafuni ukukhasabula imimango emide ngenyawo.
Ungasali sihlobo!

Ulwazi selusabalele ebulenjini.
Laphana esasimelel'ukutshelwa ngabavela phetsheya,
Khathesi sesizidingela sodwa emthonjeni.
Usuzikhethela wedwa okufunayo longakufuniyo.
Lapho esasihamba khona lenqwabanqwaba yezingwalo,
Khathesi suphong'kuphosela kumakhal'ekhukhwini,
Uthwal'umhlaba wonke wezingwalo esikhwameni
Ungasali mhlobo wami.

Emacaweni sasifuquzana lawo amaBhayibhili,
Wona la amathwal'ulayitshile ayefun' usudlile.
Sasincintisana ukuthi olelikhulu kulabanye nguphi.
Khathesi ukuzisindisa ugwanya iziqwanga ngokwezolo,
Ibhayibheli lakho selukumakhalekhukwini wakho mhlobo
Imihlobo lemihlobo yamaBhayibhili ezikhwameni!
Yikho phela ukuhamba lesikhathi.
Ungasali ngitsho mngane wami.

Ungaze watshiywa yisikhathi,
Ikakhulu nxa isikhathi sikunika okwenza impilo ibe lula.
Abanye sithanda ukukhala ngemali,
Sisithi okutsha kuthintitha izikhwama.
Yikho ukungazi phela lokhu,
Izazi zithi "okutshiphileyo kuyadula".
Ungazi ukuthi isikhathi ndyimali,
Ubuye ubone isikhathi ozachithekelwa yiso,
Yikho ozobona iqiniso lokutshiwo yizazi.
Ungasali-bo wethu!

Wonk'uthi eyami yiy'enkulu

Omunye kungaba labantu kuphela uyayihwatsha,
Vumbulu egcekeni wohlo,
Akhalaze kuthiwa kelingibonele,
Eyam'izibende mtshokotsho kangaka.

Omunye laye ngowethulayo achaye,
Athi bakithi bhekan'engikuthweleyo,
Alingizweli na bakwethu?
Lokhu kuyikukhalakhala,
Ukuth'eyakhe yiy'enkulu!

Omuny'uthi ngilabantwan'ababili esikolo,
Bafun'okutshiyatshiyeneyo okungenelanga,
Amazama' bo kabhadalelwanga.

Omunye ngokhala ngokuswel'intombi,
Ingan'ezine ngabafana kuphela,
Kodw'isikolo hayi bonke bayangena.

Omunye ngothi owami l'oyedwa,
Uthe kho khon'endlini,
Isikolo wala uphong'kubhoda ngemiduli.

Omuny'esithi owami sewaqeda esikolo,
Wawadl'amabhuku wafik'emkhawulweni,
Kodwa uzihlale imisebenzi yakhona ifuna okwaz'amaziyo.

Besekusiba laloya othi umsebenzi ngatshiya,
Nxa kuyikuhamba vele kangisavamisi,
Kusukela laphan'isicino silimal'engozini.

Omuny'uswel'ukuthi abapheni bona lab'ababili,
Mini lebusuku akalali ezama ukupheka amatshe,
Ethi mhlawumbe kungaphum'umsobh'izingane zitshebe.

Omuny'izolo lokh'ulahlekelwe ngosethombile,
Omunye ngokududlan'okusanda kuphum'ebeleni,
Kodwa kukhon'omunye okhalela yon'inzalo.

Akekh'oth'eyakh'incane nxa eyibhekile,

Wonk'ucabang'ukuth'eyakhe inkinga yiyo enkulu.
Nyemukul'ungakakhali ubheke phandle.
Uzabon'ukuthi okwakho kulula kakhulu,
Ukuphefumula kodwa lokh'ukhon'ongasakwenelesiyo!

Langabi, lahle kwasengumlotha

Sisaqala ukubasa bekulilangabi likavuthe,
Okungamaphetshana lokuzincwatshana besekubelesele.
Ubuphong'kuzwa kuqaqamba ngokuvutha.
Akekh'owayengawufun' ukucatshela lumqando,
Wonke wonke efuna ukuwotha lawa malangabi.
Izandla twitshi emlilweni ubuso ncibilikiyane.
Inkuni zisitsha lendaba lazo zithi kasisali.
Ngemuva kwesikhatshana ilangabi laba ngumlilo nje.
Sala sisondelela maduze kancane kancane,
Kancane nje umlilo waba ngumlidlwana.
UNtando nguy'okewagijimel'incwathi phandle,
Sabon'ephenduka lamabhuk'amadala esikolo!
Umlilo wake wathi vu-uu kodw'okwesikhatshana.
"Yekela sitshis'izigodo zaleyandlu eyawayo!"
NguMasigodlane ke lowo esitsho.
"Pho-ke nxa sesifun'ukwakh'eny'indlu besesithini,
Akungebe ngcono singen'egangeni siding'inkuni?"
UMasingehlukani laye wabek'owakh'umqondo.
Sonke simjolozele sibuye sikhangel'umnyam'ongxike phandle.
Khonokho nje kuyimpendulo eneleyo.
Qa-qa qa-qa kuqaqamb'okokucin' okungumlilo.
UManxiweni aphong'kujikilihl'elithi kalilaleli!
Sonke les'iskhathi akawuthanga vu!
Sonke kodwa siyaz'ukuthi ukuthula lokho kwakusitshoni.
Umlilo lowana waba lilahle.
Aaah! Engani akusela ngitsho lamlilo nje?
Ukhon'ongab'esahlalel'amalahle wonala?
Wonk'umuntu wazi laph'ayekhona,
Siyavusana kusile.
Kuyosa phose sekungumsizi wodwa nje!

Ingung'ithi kwami kwami

Nxa ungekho kikho,
Nguw'oma phezu kwentab'uklabalala.
Nguw'umayisakaz'ungosolayo,
Ngoba wena ngokwakh'awukuzwisisi.
Ongakuzwisisiyo kuwe kulempethu.

Kuvele kunjalo nxa ungekuzwisisi,
Uzenz'umakhonya isazi sasempumalanga.
Uziqhakamis'uzenz'ingcitshi.
Uthi konk'ongakuzwisisiyo kuyitshefu.
Pho-ke ayisikho lokho wakwethu,
Awusimazikonke wena.
Lami nginje kunengi engingakwaziyo,
Yikho eyam'ingung'isithi kwami-kwami.
Yingung'engalangazelel'ukweth'okwabanye,
Yingung'ethi ngaz'okwami ngenz'okwami.

Hayikhon'ukusebenz'abanye, okwakho mbo eceleni.
Gez'ezakh'izandla nxa kulongakwaziyo.
Owakh'umlom'uwuthung'uthi zwi.
Nxa usufune ukukhuluma phepheth'amazw'akho.
Kungesilokho thath'okwakh'okuyingungu,
Ukutshaye law'usithi kwami kwami.

Izinto zilendlela ezenziwa ngazo

Yonk'into ilendlela yayo yokwenziwa.
Akukho okuphong'kuba yingxobevange.
Ingxobevange nguwe umafikizolo.
Ungekho konke bekuhlelekile,
Kuhamba ngendlela.
Indlela eletha impumelelo,
Etshiya kungekho okuginywa kuphele,
Loba okuginya kuqede.
Nxa usufune ihololo,
Amahlamvu, itshukela, amanzi lochago,
Sikuhlanganisa kungakangeni esiswini.
Pho-ke wena uthi nginikani itshukela injalo,
Amanzi, amahlamvu lochago kunjalo,
Kuyedibana esiswini!
Kuseyihololo na oyiphuzileyo?

Okuthi Thando

Sonk'iskhathi ngisadinga amehl'ayengan'alenofi.
Ngabhoda ngidinga njengolunywe ngolodub'udonsi.
Ngake ngazitshel'ukuthi ayikh'int'enjalo,
Ngiyiphik'inkan'elomsindo.
Ngiyathe dukuduku nguwe mntakamaMloyi,
Ngaqala ngisithi ngumgodi kagoqozwayo belo,
Ngisithi ngamandlwane nje siyakholisa sidlule.
Inengi lalisithi yikuthuzana kwembuzi kuphel'akukh'okunye.
Ngingakaz'engikwenzayo wangithi waka ngempama,
Enkul'eyothand'impama wangithi ngay'enhliziyweni nama!
Ngitsho lokuyixhakulula akekh'ongenelisa.
Abanye yib'ababa lamanxeba bazwisw'ubuhlungu,
Sengilihwithil'itshatshazi lakomaMloyi.
Khonapho ngangingakwaz'okuthiwa yikujomba,
Akusimal'owangithandela yona kumb'esakith'isiphala.
Muvana nje ungithandile waqala ukusombulula,
Ukwendlulela konke okwakusenzikini yaphakathina kwami.
Wangikhombisa okuthe thando ntambama lemini,
Lapho engasengikade ngacima ngingasazi lokuthi kunjani.
Wakhanyisa khona kwaba mgceke namhlanje nje ngingumsindi.

Lamuhla sesileminyaka eminengi sisonke,
Ebunzimeni lasebumnandini wanamathelana lami,
Okuthe thando wala ukhanyisile njengelanga.
Ezinkingen'ezinzima yikhona wawuthand'ukungiwakala njalo,
Wawungiwakala ngothandothando olulithonsi elithophelayo
lungiphozisa,
Ngeyakh'inhliziy'elesinik'ungenza ngamukel'okukhona.
Ngiyaphambinisa ngiyehluleka ngiyaphosisa,
Ngiphabanis'endawen'engesiyo kwesiny'isikhathi ngihlokoze,
Konke lokho uyakucitsha, okuthe thando ucindezele.
Uyanekezela ngenhliziy'emhlophe ukhangelel'ukuthi ngizaguquka.

Nginyemukula Emuva

Ekunyemukuleni kwami emuva,
Kubili okumqoka okwenzekileyo empilweni yami.
Kubili engingathi kuyangimamathekisa.
Okukuqala lilanga leliyana owathi uyangithanda ngalo,
Okwesibili lilanga owavuma ngalo ukungiphekela isitshwala.
Ngingacabanga ngakho ngizwa ukuzithoba,
Ukuthi kambe ngenzeni mina njwathi?
Ukuze ngithole isiqhamulamayezi esinjengawe.
Unginika amadlabuzane ungiphe ukuzigqaja.
USomandla kaqhubeke esihola,
Kasinqobise njengokunginika angenza wena.
Kuwena ngingumkhaza!
Umoya ungaze uvunguze njani,
Umqando ubambe ngaluphi uhlobo,
Kuwe ngizakwala ngithe nama!
Ngawonala amazwana amalutshwane,
Ngithi kasibe lempilo ebusisiweyo.
Owami umkhuleko emazulwini,
Yikuba lamakisimusi angapheliyo,
Wena ulokhe ungowami!

Utsheko lomgaxa

Nguban'osewake wadl'uxakuxaku,
Oluxhezukiley'olutshengisa konk'okuphakathi,
Oluvuthw'okokuth'ungalubon'uyagxoz'indenda,
Oluleng'inqofula kuyikunonza?
Exhakuxhakwini yikh'okulekhovul'elinganyanyisiyo,
Lifaken'entombini sekungokunye!

Ungaluxhezul'uchezu lukanonzi,
Uluth'emlonyeni tshwathi,
Laph'okulel'inhliziy'awukusweli,
Ungekel'ukuzilum'umunw'uyazilum'umlomo,
Khonapho kuyabe sekufun'usehlisa ngamanzi.

Kod'wungalufikela lungakavuthwa,
Luseselombal'oluhlaza,
Yilo phela esasiluthi lutsheko lomgaxa.
Ukuluth'emlonyeni montshe!
Uphong'kuthi hlafuhlafu,
Wawuzizwela wedw'ukuthi akukalungi.
Lokungamakhovula kwakhona kwakuphelel'emazinyweni.
Kwakuphong'kuthi nandinandi kuhle kube muny'emlonyeni,
Uphuthum'uding'amanz'ukuze kubaleke masinya.
Ukudl'utsheko lomgaxa yikudlel'udubo.

Pho'ke zihlob'ilizwe selileng'emaweni,
Imbangela yikugijimela lon'utsheko lwemigaxa.
Imizi sibhidlizwe ngaz'intsheko zomgaxa,
Ubuhlobo sebutshabalaliswe ngesizithandiley'izintsheko zomgaxa,
Lemisebenzi ngokway'iqedwa zintsheko zomgaxa,
Imilomo simunyu ngokugijimel'okungavuthwanga.
Ukujaha kuzal'ukuphuza!

Imitha Ngokuphindwa

Ngangizidlalela Mina ngisesikolo,
Ngangifuna ukubonakala ukuthi yimi umanotsha,
Ngizigqaja ngisithi ngakithi kasisweli,
Kwakusazi bani ukuthi abangasweliyo ngabazali,
Eyami impilo ngeyami.
Abanye besidla ibhuku,
Mina ngangisidla ipulezha.
Hayi-ke umhlaba sawumumuza uhlangothi,
Sawunathanatha yeka awu, sawusutha.
Nanso-ke isikhathi sokubhala imihloliso,
Habe, umhloliso wangihlola bo,
"Wawungaphi abanye besidla amabhuku?"
Kwaze kwaba ngcono ukuba ngabangane lobuthongo phakathi kwalo izama,
Ngitsho lokuyathatha esami isivuno kangiyanga
Ngangisazi ukuthi kutshile akuvuthwanga.
Ngaphongukuthi ebazalini,
"Imitha ngokuphindwa!"

Enye Impilo

Ikhona enye impilo,
Edlula impilo yokuthi sengendile,
Kulempilo edlula ukuthi ngingumalukazana,
Edlula ukuthiwa ungumkazibani.
Impilo yimpilo!

Ukubizwa ngelikamkazibani lakho ngenye impilo,
Ukuthiwa sekaZayo ngokunye ukuphila lakho.
Ungehluleka ukuyifinyelela akutsho ukuthi usilele
Ungakhutha lapho akutsho ukuthi ulahlekelwe.
Ngithe ikhona enye impilo!
Ungaweli kumbe ukuwelwa ngokunye,
Ngoba kuthiwe kuthiwa ulesidina,
Kumbe ukwesaba ukungcatshwa legundwane.
Abanye sebesemangcwabeni ngakho lokho,
Sabangcwaba bephila,
Ngitsho lamagama abo kasisawazi!

Ulahleleni Ithemba?

Ususesaba amanzi kangaka njengesilo,
Kuyatshise njani libalele ligwaze umhlaba, uyawabalekela.
Ubukhokho bengcekeza sekuyibona jwabu,
Impukane yim'ncintiswano zihawukela.
Ungaba leminkenke engako enyaweni?
Ehamba idhobhadobha amatshe endleleni!
Zona inzipho seziqede izichathulo lamasokisi.
Izigqoko zona zenza angani ziqeda kugezwa,
Hatshi ngamanzi kodwa ngobulongwe benkukhu.
Singathini kambe bakithi ngamazinyo?
Ungavele ukhamis'umlomo leqhaqha kalimi.
Wona amakhwapha osekusele kuphela zimpethu.
Ucabanga ukuthi ukuzidela yiyo impendulo?
Okwenzakalayo kwenzakala,
Phakamisa-ke leak ho ikhanda über lethemba.

Amapeni

Bath'ukulal'ubuthongo yikucelesa,
Abanengi bebek'imihlubulo phansi nje sebesemthethwandaba.
Ngith'amapeni wawasa ngaphi?
Kanti uwaswela wena wedwa njani?
Engazan'abanye bazitika ebumnandini nje,
Wena yin'eyenz'uswele lokokubamba?
Esikhundleni sokuth'ubuthongo bubambe,
Imibuzo yonale yiy'ebamb'ithi nki!
Amehl'uzuwaqhulul'angan'azakuwa.
Ukubuthola lobomvundla kuze kuhlole lokuhlola.
Uzibuze "kambe ngilahleka ngaphi?"
Kanti bekumele ngingene ngangaphi?"

Lokhu yikuzithonisisa ngenxa yokusweleka kwamapeni,
Uke ucabang'ukuthi mhlawumbe abaphumelelayo ngabaphetsheya,
Ucabang'ukuthi kungapha kuphela okenziw'okomshikashika.
Hayibo, ungacabang'ukuthi ukuczimul'ubuso kwabaphetsheya
yikujimba,
Ucabang'ukuthi kwezab'impilo balal'obukabhuka.
Nxa amapeni enganda yikufak'izinti emehlweni!
Kuhle kube khona ezinengi indleko,
Ezikhanzing'ubucopho, zibusikasike zibuginye!

Siyaphumputha sidinga lona ipeni,
Sizam'ukubamba lokhu lalokhuya okungaleth'udumo,
Udumo luze ucabang'ukuthi sekwenzile,
Thina singaz'ukuthi akukh'okwenzakeleyo,
Ingoma yiyona leyo kawubuquthi,
Ungaz'uzithi uqinil'ekukholweni!

Pho-ke nguban'ongalal'okosane?
Lingangiqambeli lisithi nguJumo
Engaphuma ijumo amapeni akazani.
Lithi khona emalini akethukeli.
Ngiyambona mina ulal'engalele,
Umuyi kuphela nguye osephumule.
Thina yithi asesitshiyel'udubo lokuswel'ubuthongo,
Sisithi njengob'isihambil'inhloko yomuzi sesiyizicelankobe.

Ukhalelani?

Lamuhla kungaba lamuhla,
Kodwa ngakusisa lamuhla kuyabe sekuyizolo.
Lekusasa izafika ekuthiweni yilamuhla,
Kusasa lalamuhla kuzaze kufike lakho ekubeni yizolo,
Kodwa izolo kungezake kufe kwaba yilamuhla kumbe ikusasa,
Kumbe ilamuhla ukuthi ibe yikusasa.
Kodwa izolo, lamuhla lakusasa kuzakuba yikudala.
Siyabe sesikhombela kuphela ukuthi kwake kwathi.
Kodwa kambe izibiliboco zakudala zingaliqeda iphango lalamuhla?

Ngithi sebenza okwesikhathi esifaneleyo ngaso leso sikhathi,
Ungafuqeli khonale usithi khona ngizakuthi.
Okwenzekileyo kwenzekile isikhathi kasimanga,
Ungama usithi kahle kengibihlele inhlupho zami,
Ukhalela okwalamuhla,
Ulamuhla lowana ozakuba yizolo,
Ungakhalela okwezolo,
Izolo loya ozakuba yikudala!
Izolo lekudala ngeke kwaba kulamuhla
Pho-ke ukukhalelelani?

Ngaphi?

Lapha kumbe laphaya kuyatshisa konke,
Nginyathele ngapha kumbe ngale yikutsha kuphela.
Nginyathele ngaphi?
Nginyathele na?

Ngithe ngisithi thatha ngasala ngilomlindi,
Ngingakuthi futhi phendukisa umlindi susalele kuwe.
Pho-ke sithathe ngaphi?
Sitshiye ngaphi?

Nyama yembongolo kheth'omthandayo,
Pho-ke nxa isikhetha ababili sikhathisinye,
Siyithini leyo nhliziyo?
Sithi lapha yini?
Sithi laphaya na?
Ngapha kumbe ngale?

Inyama le akumelanga isikhathaze.
Njengoba isikeka nje,
Sizabenga elinye iqatha,
Yilo esizalinika komunye!

Usuku lwami olukhulu

Inengi lethu sasesisigqibile lesisiqendu,
Lami obala ngale ngathi okwami sekuphelile.
Kodwa sengifundile ungaze wathi hatshi,
Nxa umholi wakonke esithi yebo.
Lapho usithi sengiduhile sengiphelelwe manje,
Yikho ozwa khona kuthiwa mina sukuma ujatshulelwe.
Lapho usithi indlela sisinda sengikhathele,
Kukhona oyabe ekhangele emomotheka,
Esithi phong'kuthi bhode, uluju lochago kusemaduzaneni.
Bakwethu lamuhla ngiphakathi kwalo uluju lochago,
Bakwethu lamuhla ngiyajabula,
Bakwethu lamuhla ngihlanganiswe lesami isithandwa.
Akungibonele ubuhle bukaSomandla,
Owami umyeni ngiyamguqela,
Owami umyeni ngimnika inhlonipho,
Unginike amadlabuzane ungiqakamisile,
Endawen'enje ungab'usafunani?

Wena mama wami

Bomama kukhulu laph'elingena khona.
Lingena liphume kwezesabisay'iziduli,
Liphuma liphakamisil'izizotha zemuli zenu.
Liyasigon'emaphikweni enu.
Ngingekel'ukukubonga mama ngalaph'owangena khona,
Ngingatshaywa ngolusikay'uswazi.
Ngiseselusane ngingazi lutho,
Ubaba waboph'ezakhe yikh'okwaba yikusitshiya.
Wasal'ungela mgoqo wokweyama,
Wakheth'ukusukuma kwabanye law'ubalwe,
Wakhawula yikusolwa langokuzondwa,
Besithi ngumfazi bani ogcin'abantwana kungela baba.
Kuthiw'unyaw'olulodwa kaluqedi mango.
Wena wathi hayi mina ngiliqhawe ngiyayigoq'imimango.
Ilizwe kalila zwelo ngabanjengawe mama.
Likhangela ngelihlo lokweyisa,
Lithi kesibon'ukuth'uzobanikani labobantwana?
Kodwa wakwala lokho wakuhlambaza.
Wanginik'impil'engela lakuwumana.
Impilo yake yakukhombis'umuz'olotshwala,
Umsebenzi wangatsho lutho sezimi manzonz'izinto'
Wal'ukudungwa lokukhahlanyezwa.
Wakhuthalel'ukuth'esikolo ngingaxotshwa,
Engakuswelayo yize wen'uzincitsha.
Ukuthola kwami kwakuyikuswela kwakho,
Mama wanginika, uyanginik'impilo.
Ngingakucabanga lokho mam'izinyembezi zigcwalis'umthombo.
Lalamuhl'okhu kawudinwa uthando lwakho kalulamkhawulo.
Ngiyakuthanda mama wami,
Ngikunik'impilo yami.
Min'eyakh'ingan'uThokoza
Ngizokwenzela lawe konke ngizimisele.

Unjwathi Udlile

Unjwathi lamuhl'udlile-bo.
Izolo belimhlek'elumela.
Pho-ke lamhla nguy'obelesel'eluma.
Betsho beqinisil'ukuthi yonk'int'ilesikhathi sayo,
Babeqond'unjwathi yenalo.
Lamuhla khangelan'usebukwa langubani.
Yena lay'usezizwa habe!
Usebhukutsh'emsojeni esez'elahla.
Yebo kambe, engan'okungapheliyo kuyahlola.
Zonk'indubo kwethu sezicimile zaba ngamalahle nje,
Ngoba labonjwathi sebesidla-bo!

Angiphindi

Angazi lina kodwa mina kangisaphindi.
Ngitsho ngitsho yenzani lodwa mina cha!
Umlilo ulungile useziko,
Ngoba lendumba siyavuthisa.
Ufakeni engutsheni sekungokunye.
Awuthi ukuwubasela emehlweni khona?
Mina mptu! Kangisafuni,
Eyami impilo ngisayifuna.
Ngingazi lina mina kangintunyanga.
Sengivuthiwe ngenela,
Lapho okuqonde khona sengiyabona.
Ubuhlakani yikuphakamisa ezami izandla,
Ngithi okwami kwenele,
Ngibaleke leyami impilo!

Sinikeni Sidle

Nxa kuliqiniso sinikeni sidle,
Siliqhephune silihlafaze izisu zithi nti!
Kumanga wafusheni kuze kube lanini.
Singazi nxa zizathola ongedlula ngakuzo,
Esithi siphanini sidle.
Kuyilambazi lothando hawu sinikanini-bo,
Qubelanani nganeno libhode lize lifike ngangapha,
Silimumuze siligwinye izisu zelulwe.
Kungumuthi owelapha ubuyanga sinikeni belo siwuhlafune,
Sihlafuhlafune umsobho wakhona sitshebise isitshwala.
Ukhona na ozwe lapho okutholakala khona umuthi wesikhwele?
Lingawuthola siphatheleni ngapha.
Lisiphe sidle sivuke kusasa,
Konke sekulungile sekungumaqondana laninini.

Ubugagu

Impilo le mntanam'ifun'ubugagu.
Hatsh'ukutshonel'ukuvulavul'amabhuku.
Ungatshonela njalonje ungela mkhondo kawulay'injabulo,
Ungaswel'injabulo pho-ke suyiswelile lempilo.
Umuntu ngok'athi kancane nje jabuliyani,
Wazi laph'ovela khona,
Kuyikujikel'izaga.
Usesezagen'ukhumbul'imikhombe.
Usuka lapho-ke yeqel'ezitshweni,
Lapha-ke wal'ukhuhlal'utubhul'umlomo.
Kuyisandla wal'ukuba lesendwangu.
Kungaba labagangayo wena nyawo ngibeletha!
Ungeqel'emalibheni khona uyab'usuqhakem'okwamaqini!
Ngob'impilo yibugagu.

Nxa sekufik'okulidlozi

Nxa sekuseduze yikh'okuyabe sekubusa,
Kuyabe kungasabusi mina hatshi.
Amandla wonke ayaphela du! ngibe mdambiyana,
Khona kwenze imihlola yakho kungiguqise.
Khonapho ngiyabe ngingasakhwanisi lokwenzani,
Ngaphandle kokuba yisigqila sakho.
Kube sekungikhuhlukhuhluza ngamakhul'amandla,
Mina-ke diyadiya ngivumela.
Khonapho kuyabe sekubelesele ngochuku,
Mina wakhona ngingelakh'ukuvika.
Kuyafika-ke kuthi juje! phakathi komxhwele,
Mina ngonel'ukuthi daca, sengiyisigqila.
Kuyabe sekufikile,
Okulidlozi khon'okobumbongi.

Imfundo

Ukuze sith'ufundile, kanti vel'uyabe wenzeni?
Ufundeni kant'okuthwa yimfundo?
Ukuthi mfundo yikh'ukuthini kanti?
Isikolo seskolweni yis'iskolo yini?
Okuthiw'ufundile ngoy'esikolo yini?
Oyesikolo ufundile yini?

Kanti vele sifundelani kengibuze?
Litheni?
Lifun'ukuba ngodokotela?
Lithe lifun'ukuba ngamagqwetha labakhulu bamankampani?
Ngizwe kahle na kumbe ngilezint'endlebeni?
Yis'iskolo sang'khona yina bakwethu?

Mina ngithi qha!
Sifundel'ukuthin sibe ngabantu,
Sibe ngabant'abalobunt'obuvel'ebantwini.
Le yiyo-ke insika yemfundo.
Ungaba ngudokotela kumbe ligqweth'elingela buntu,
Imfund'enj'akusimfundo!
Imfundo yibunt'obulobuntu.

Ukumamatheka kwakhe

Uth'engalijik'elakh'ilihlo,
Khonaphokhonapho nje aphelekezele ngokumamatheka kwakhe.
Wenz'engan'uyacimeza kancane, angan'ukuncweba ngelihlwana,
Kanti hayi yikumoyizela nje zwi, usubona lokungekhoyo.
Nxa ub'usuphefumul'owokucin'umoya'
Engathi moyi! Nje uyahl'uphapham'uphenduke kwabaphilayo.
Nxa ub'ungasasizi lutho lethemba sulahlile,
Uyabon'ubumnyama bonke ngube! busembulwa,
kubekhon'ukukhanya.
Nxa kuludubo luyathi phulukundlu! lubaleka.
Khonaph'uyab'ujikijelwe ngomamatheko.
Wena wakhona ke?
Uyezw'umzimba usithi hlasi!
Igazi lithi ngimelani pho ligijime yonk'indawo.
Inhliziyo le ngumdumo wezulu wodwa nje.
Wena lokuth'ubambe ngaphi kawusazi ngitsho.
Uth'ungabamba lokh'utshiye,
Uth'ungaluma lokhuya utshiye,
Kuyikumamatheka kuphel'okubangele lokho.
Indod'endal'iyaphenduk'usane,
Ifune lokumunyiswa ngitsho lokuthiwa bhabhu!
Bakithi lo!
Ukumamathek'okuthiwa yikumamatheka ngiyakwazi mina.
Owam'umlomo ngxi!
Inhliziyo ngavalel'obhalwini,
Ubhal'olusenzikini yentaba,
Umdumo wayo ungaze wathinta muntu.

Umsebenzi yizandla

Oluny'uyabon'izinyembezi zingumfula!
Kuthiw'imisebenzi isidlalel'umacatshelana.
Ub'ususithi kanti inkinga sibili ingaphi,
Wen'izitho ulalezabanye nje?
Nxa kungamehlo udindelel'impela,
Ingalo njengaz'uzenz'isihlalo.
Umsebenzi zinini zami yizandla.
Hayikhon'uzibanibanyana lenkampani yakhe!

Singakhalakhali bakith'ukuthi lokuthi,
Singabamb'ize siphumputha lapha lalapho,
Sitshiya phans'okulemiphumela.
Impumel'ikwezakho ngqo izandla.
Yekel'ukucabang'ukuth'ozanginik'umsebenzi ngubani
Ufun'ukunikw'umsebenzi kanti yisitshwala yini?
Langason'isitshwala, angithi nxa sekunzim'uyazimela law'eziko!

Pho-ke njengoba kuyin'elihlafunamabhuku,
Uthi imfundo yonke le ngeyokuthi folel'umsebenzi?
Ingqondo njengoba zatshilwa kazisesombuluka.
Abacindezeli basidalel'okunye batayi!
Akasekh'othi ngingumlimisi kumbe intshantshu ngokwami.
Sonke sesigijimel'ukuyakwenzel'ulokhuzeni ubungcitshi bethu.
Kuthiwa ngifun'owamakhiwa onginik'imal'enengi,
Ahambis'abantwabam'ezikolwen'ezidulayo
Siyaphuphum'amagwebu sigcwalelane sithi ngingawudobha
ngaph'onje,
Kukanti-ke yikungaz'ukuthi uyakwenziw'isigqila,
Eyakh'impilo lenkululeko kudal'uthengisile.
Ungazi ukuthi ngezakh'izandla,
Ulakh'ukuhambis'abakh'abantwana losendo lonke esikolo!

Angisela Mandla

Kambe ngingabe ngisenzani mina?
Ngake ngath'ukufuqa laph'enginelisa khona,
Ngaqamula lami okwakuqamuleka,
Amandla sibil'okwamanje i-iiii kangiselawo.
Ngahlakula ngahlakulela ngahlakula njalo,
Ngabon'indima kuyiyona ley'eyodwa kungela ngqubeko!
Hayi-bo lingaze lathi ngikhalele,
Ngamandl'aqedwe yibuntu benu.
Yebo kambe ngake ngafikelwa yikukhalala,
Ngithi mhlawumbe ngingafulathela kungaphaphanywa.
Kodwa qha, kwahle kwengezelela ngokuphindiweyo.
Kwathiwa njengoba sekukhalelwe kanje sekulungile,
Imamba yalukil'ubuchakide bucelesile.
Yebo kambe ngake ngafun'ukuphakamis'ikhanda,
Ngalincweb'indleb'ukuthi selilahleka,
Kodw'amazwi ami ayetshayelel'edwaleni.
Ngalwiswa lami ngaze ngaphel'amandla,
Lamhlanje sengibheka nje lami ngigoqil'izandla,
Sibone laph'okuyawela khon'induku loxakuxaku!
Thin'ohamba juba silumelel'usuku lwethu,
Esizalikhumbuza khona selichuthiwe phambili.

Lungu lungu ukulunguza

Okunye laninyenzani lisithi lungu ukulunguza,
Lokhuyan'okokuthi esingakwaziyo kasinyemukuli, lizasalela.
Udlula laph'okuleseli yempahla zomgugiselwa,
Uyaphong'kuthi lawe bhode uthi lungu,
Hlezi usuke lapho usuphethe eyemali wena ungela mali.

Ungezwa laph'okulokuxokozela khona,
Vul'awakh'uthi lungu,
Engxenye kube lelangabi lomlilo.
Okokuthi okwami okwami tshiya,
Engxenye uqonde enkingeni.

Ungezwa okuthi tshokotshoko qhekele nyemukula lawe,
Ungesab'abathi kukhon'okuquketheyo,
Sukuma uyethi lungu ukulunguza,
Engxenye endlini sekungene isitha.

Ungezwa kukhon'okujik'iphunga elikwephul'inhliziyo,
Ungaze wathi "abalapha bazeza benz'okwab'ukulungisa".
Sukuma, sibukula yonk'into khonapho uphong'kuthi lapha lungu,
laphaya lungu.
Ungaqaleka usubon'imihlola ilizwe lakhile.

Elami yilo leli elilodwa qha!
Elokuthi okunye ubukuthi lungu lungu ukulunguza,
Lami ngifun'ukubon'ukuth'uzaboniswani,

Okwalumuhla Angila

Limbona kanje,
Mbuzeni ngokwezolo kumb'okwakuthangi,
Uyalinika inqwabanqwaba yendab'ezenzekayo.
Uyalitshela kusukel'ekhanda kuze kuye semsileni,
Buzani nxa lifuna ukuthi impi yaqalwa ngubani,
Buzani nxa lifuna ukuthi ilizwe lemukwa ngubani,
Ngithe nxa lifuna mbuzeni laph'okwafela khon'amaqhawe wonke,
Nxa lifuna buzani ngababusi bomhlaba wonke jikelele,
Uyaliculel'owabusa ngomnyaka wuphi lawuphi elizweni liphi laliphi,
Limuthini-ke lamuhla uyobambana lani, uzakudlani?
Eyakh'impendulo yiyonaley'eyodwa,
Okwalamuhla angila!

Sekuhlwile

Elalamuhla liphelela la,
Siphumputhile okuphumputhekayo kusel'okwakusasa,
Ilanga selibudaz'obukabhuka kunina,
Thina sesilandela ukuyatshayelel'imihlathi emiqamelweni!
Kodwa khonakhonapho ukhona ovumbulukayo evuka,
Kuthwa elethu yingkhona liqalisa,
Sebeqalile kanje ukhon'oyabihla kuphela,
Kodwa phela yikh'ukuthi labo baxotsh'ibhadi endlini.
Khon'okubanjwayo abanye sesiqethukile kuyini?
Asazi khonale singakwazelaphi?
Thina lingasibuzi elifuna ukusibuza,
Sibuzeni ngawethu amaphupho.

Kuthiwa...

Kuthwa bekumele uthi,
Ngakho-ke thina sesikuthi.
Njengoba sewenzenje kanti akusela yini
Ongamdedesela uthi kuthiwa!
Okokub'usathi ngangathi,
Akuselani yani.
Suzikhalela wedwa usithi bakithi!

Nxa sekumphethe...

Nxa sekumphethe kuyabe sekuyiphathaphatha
Umntanabantu uyagonyoloka,
Ubambelela la, le, ngaphi-bo!
Uyagenquka azitshayelele yonk'indawo,
Uyantshompok'elalweni njengomtshoko nguye daca, cwaka!
Lina linkeme nje ngakho,
Lithwal'imikhono,
Libamb'izisu,
Lani ligonyoloke sekuliphethe.
Nxa sekuphethe, kuba yiphathaphatha!

Izulu Likazamcolo

Uzwile yini akubuza khona?
Ukubuza konke kusukela mhla wokuqal'ukumkhombisa,
Yena wakhona wonel'ukumuthi "ngiyakuthanda"
Khonokhokhonokho nje laye wathi "ngiyakuthanda lami".
Uth'usathi awubonike siwijinhliziyo ngakusisa,
Yen'athi hayi ngihlala ngedwa asambeni kwami.
Lapho ungaze wema lizulu likazamcolo!

Utshayisane lamajida edolobheni,
Athi woza lapha siyakutholel'umsebenzi,
Abanye labo bathi silemikhando yemal'okuthwa yimali,
Ungezwa sebesithi wen'upheth'okunganani,
Usiphe khonaph'imikhando yenze lula lula?
Ngithe bhasopo lizulu likazamcolo!

Kuthiwe izindlu hayi, lapha kusemzini wazo,
Uthi ngicel'amaphepha akhomb'umnikazi wendlu,
Bona baqalis'ukweqayeqa besenqab'awakh'amehlo,
Khonapho bekujah'ukuthi uthukulul'isikhwama.
Nxa sekunjalo limuk'uqoq'imitshwaqana yakh'uthi ngiyaphenduka
Lizulu likazamcolo lelo ithi nyawo ngibeletha!

Liyathandana lokhuyan'okuthiwa yikuthandana.
Imikoto yonke yedolobho lelokitshi iyalazi,
Kodwa ngitsho loyedw'owakwabo okwaziyo.
Uyamuthe kengibon'abakwenu wethu,
Yena aphong'kuhlafun'imihlathi amalang'engenana.
Wena vul'amehlo lapho lizulu likazamcolo lelo!

Indaba zakhe zonke kayikh'ethe nta!
Inhlamba lokuhloniphisayo yikh'ukudla kwakhe.
Akakugqize qakal'ukuthi ngumfazi kumbe yindoda kazibani.
Wen'uphongumvezel'izinyo usithi laph'esivela khona kukude.
Nango sekuding'endlini lalaph'esaz'ukuthi kawukho.
Qaphela kahle ngikulum'indlebe,
Lizulu likazamcolo lelo baleka lisesekhatshana!

Ndawonye

Sasithi sindawonye,
Kanti lina lalikwenye!
Okanye imbila ngezantabanye,
Lawe waswela abangane abanye?
L'odlale laye nguye owenze sikucabangel'okunye.

Mhlawumbe yithi esingabonisisiy'engxenye,
Kodwa ngeke,
Ukwenza komthengisi lokwenu,
Akutshiyani ngitsho kunye!

Kumbe engxenye,
Yith'esilahliswe ngabeth'abanye?
Benze sacabang'okunye,
Kanti bona bajong'okunye?

Yenzani

Ngithe ziqubekeleni lisithi
   "Sisake sizitike entokozweni."
Zivuneleni lizitshela ukuthi
   "Sivuna ensimini kabaka."
Zikhahleleleni lisithi
   "Sazilugisela inguqu."
Bhulani lisithi
"Thina sazilimela sodwa."
Nxa kuyikucunta, zicunteleni lisithi
"Inkukhu sazifuyela."
Kuyikuhamba, zihambeleni lisithi
"Inyathi ibuzwa kithi."
Hayi-ke yenzani!

Kodwa nxa isizitika kini,
Sekuyini eselivunwa,
Selilungiswa lina ngokwenu,
Nxa sekubhulwa lina,
Selixhathulwa ngeyokucunta,
Selingqikilana lay'inyathi,
Thina sizathi "savele satsho!"

Nxa selihlatshwa,
Nxa isilihlasel'inyathi,
Ngithi nxa isilihlasela emangweni,
Lingabongoleli,
Lingathi "sihlangulani-bo"!

Kanti yiphi le?

Kwamangaza kwamangaza,
Kasazi kasazi,
Sesinkemile ngakho.
Kambe sizakwazini?
Ngokwamehlo,
Mlomo wena zwi!

Kelingilaleleni-bo

Lin'elizitshay'izifuba,
Lizenz'omakhonya,
Elithi ukuphemelela kwenu yini.
Laph'onyathele khona uthi nguwe.
Ngilaleleni-bo!

Ungabe uginqe okungakanani,
Kodwa laph'onyathele khona akusuw'umenelisi,
Azi unyawo olulodwa kalulani!

Kodwa yini manje?

Kodwa ndodakazi yami,
Amehlo az'adubuke na ngokungalali?
Ngilale ngingalele ngikhangelel'ize,
Ngisithi citshe ngizakubona sufikile,
Usiza laye umkhwenyana ovel'ebantwini.
Ozamemeza ngaphandle kweguma,
Engani sugcwele nje usuvuthiwe?
Nga ungumkhiwane angithi nga suphelile yikudliwa!

Kodwa belo mntanami?
Nganele ubumamazala obuphelel'emitshoveni qha!
Lapho okuphong'kuthiwa "mamazala" indawo yonkana?
Lami ngithanda phela ozabuy'esindane lokuyimputshana,
Ozabuya eyithinta eyohlanga ehambayo.
Kodwa yini ngane yami?

Umnyak'omutsha

Sesingenile emnyaken'omutsha,
Ngibhekile ngidinga khon'okutsha.
Habe, kumbe yim'engingaboniyo belo,
Laph'esasithi 2014 sesisithi 2015,
Ngaqed'umnyaka ngilokuyimadlana,
Khathesi ngingunjwathi nje.
Konke kwaphel'emadilini enjabulo.

Laph'esasihamba khona ngemitshova,
Lezinsuku siyakhasabula,
Sikhasabula ngazo izimota zikaMvelingqangi,
Ezibhalwe kunambapulethi ukuthi efu zero zero thi (F00T).
Uyasal'ufika sufile ngamadino,
Ingqe ufikile kuphela!

Laph'esasike silale ngezibomvu sidl'okwesikhiwa,
Hayi, lamhla silalel'amagwadla.
Kuyabongeka belo ngoba bakhon'abalalel'amanzi.

Emsebenzini bekusemsebenzini nyakenye,
Lonyaka sifolel'eminye labanye,
Kumb'ukuqond'ukuthi kho ngekhaya!

Yiwo phel'oweth'umnyak'omutsha.
Kuyaphela yin'okutsha?
Asazi kini khonangapho.

Ukubonga

Uhambo lokubhala, uhambo lwabaningi. Ungahlala phansi uzibhalele
wena,kodwa okuhlanzwa ephepheni yimpilo njengoba iqhubeka
ephepheni. Impilo yomuntu phakathi kwabantu, impilo yenjabulo, usizi,
ukwethembana, ukwethembeka, lokunye. Sizosala nembongi ethi
Ushehwedu Kufakurani, kodwa imbongi zangempela yilezo ezihambe naye
uhambo lwempilo. Yikho ngokunjalo, ngibonga umndeni, izihlobo
labangane abahamba lami ohambweni lwempilo.

U Ushehwedu Kufakurinani wazalelwa eBikita esibhedlela saseSilveira ngo-1982. UnguMbalisi eNyuvesi yaseSussex. Ufunde waze wafika kuzinga lePhD eUniversity of Zimbabwe. Ubuye wafunda eBata Primary wabe esedlulela eLoreto lapho aqala khona waphothula izifundo zakhe zamabanga aphezulu. Uthanda ukubhala izinkondlo ezilamalibho lezaga ezahlukene. Uthanda nokuqiniswa kwezindimi zethu zomdabu ezesintu. UKufakurinani ulezinkondlo ezimbalwa ezitholakala ezincwadini ezithi "Shoko Harivhikwe", "Gwatsvira reNhetembo" kanye "leHodzeko YeNduri".